I0422130

Stoizismus & Führung

Stoische Prinzipien für ethisches und selbstbeherrschtes Führen

BILER RUPENSE

« Es gibt keinen günstigen Wind für den, der nicht weiß, wohin er geht ».

— Seneca

Inhaltsverzeichnis

Stoische Weisheit mit moderner Führung verschmelzen

Die Welt der Führung ist ständig in Bewegung und sieht sich mit komplexen und sich wandelnden Herausforderungen konfrontiert. In diesem Streben nach ethischer, belastbarer und inspirierender Führung bieten die alten Lehren des Stoizismus ein zeitloses Licht. Diese alte Philosophie, die von Denkern wie Seneca, Epiktet und Marc Aurel ausgearbeitet wurde, bietet praktische Prinzipien, die Führungskräfte bei ihrem Streben nach Spitzenleistungen anleiten.

Dieses Buch ist eine Erkundung der Begegnung zwischen den stoischen Prinzipien und den Anforderungen moderner Führung. Wir tauchen in die Grundlagen dieser Philosophie ein und untersuchen, wie ihre Grundprinzipien - Selbstbeherrschung, Tugendhaftigkeit, Widerstandsfähigkeit gegenüber Widrigkeiten und geistige Klarheit - die zeitgenössische Führungspraxis bereichern und verändern können.

Jedes Kapitel dieses Buches enthüllt eine Facette des Stoizismus in der Führungspraxis und vermittelt ein tiefgreifendes Verständnis seiner Auswirkungen auf Entscheidungsfindung, Teammanagement, Kommunikation und vieles mehr. Konkrete Beispiele und praktische Übungen werden vorgestellt, die dabei helfen sollen, diese Lehren in den Alltag von Führungskräften zu integrieren und so einen ausgewogenen und durchdachten Ansatz zu fördern.

Durch diese Erkundung werden wir entdecken, wie der Stoizismus weit davon entfernt ist, eine bloße Philosophie zu sein, sondern ein praktischer Leitfaden für Führungskräfte, die leistungsfähige, belastbare und inspirierte Teams schmieden wollen. Begleiten Sie uns auf dieser Reise, die die antike Weisheit mit den Herausforderungen und Möglichkeiten moderner Führung verbindet, um eine ethische, visionäre und nachhaltige Führung zu formen.

Die Grundlagen
Stoiker der Führung

« *Die Tugend besteht darin, nach der Natur zu leben* ».

— Zenon von Citium

Führung geht weit über das Konzept von Macht oder Führung hinaus. Sie wird durch die Verpflichtung zu Ethik, Belastbarkeit und Inspiration definiert. Dieses einleitende Kapitel geht auf die Grundlagen des Stoizismus ein, einer alten und mächtigen Philosophie, und untersucht, wie sie als Leitfaden für die Entwicklung ethischer, zentrierter und effektiver Führungskräfte dienen kann.

Indem wir uns mit den Grundsätzen des Stoizismus auseinandersetzen, entdecken wir zeitlose Werkzeuge für den Aufbau bemerkenswerter Führungspersönlichkeiten. Diese Prinzipien, die von Persönlichkeiten wie Seneca, Epiktet und Mark Aurel definiert wurden, sind epochenübergreifend und bieten eine einzigartige Perspektive darauf, was Führung wirklich bedeutet.

Dieses Kapitel dient als Einstieg in eine gründliche Erforschung der Frage, wie der Stoizismus die Führungspraxis informieren und verändern kann. Durch die Verschmelzung der jahrtausendealten Weisheit mit den Erfordernissen moderner Führung zeigt es einen Weg zu einer Führung auf, die in Ethik, Widerstandsfähigkeit und Inspiration verankert ist, und bietet so einen einzigartigen Einblick in die Frage, was Führung in der heutigen Welt wirklich bedeutet.

Stoizismus: eine grundlegende Einführung

Der Stoizismus geht über bloße Vorschriften hinaus und wird zu einer wahren Lebenskunst, die von praktischer Weisheit durchdrungen ist. Seine Ursprünge liegen in den Lehren und Erfahrungen von Persönlichkeiten wie Seneca, Epiktet und Marc Aurel, deren Schriften zeitlose Prinzipien für Gelassenheit, Tugendhaftigkeit und geistige Klarheit formten.

Diese Grundpfeiler des Stoizismus sind nicht nur einfache Aphorismen, sondern wertvolle Leitfäden, um unser Leben zu gestalten. Seneca fordert uns mit seinem Wunsch, nach der Vernunft zu leben, und seiner Warnung vor übermäßigem Verlangen zu Mäßigung und Selbstbeherrschung auf.

Epiktet, ein ehemaliger Sklave, der zum Philosophen wurde, befürwortet die Akzeptanz dessen, was nicht geändert werden kann, und ermutigt dazu, sich auf das zu konzentrieren, was wir wirklich kontrollieren, und bietet so einen praktischen Ansatz, um Hindernisse zu überwinden und innere Gelassenheit zu finden.

Mark Aurel, römischer Kaiser und Philosoph, enthüllt in seinem intimen Werk „Gedanken für mich selbst" sein tägliches Streben nach einem Leben im Einklang mit der Tugend und fördert damit ein Leben, das auf Ethik, Mitgefühl und Weisheit basiert.

Diese berühmten Persönlichkeiten des Stoizismus beschränken sich nicht darauf, abstrakte Gebote aufzustellen, sondern bieten lebendige Prinzipien, die in der täglichen Realität verankert sind. Ihre Lehren fordern dazu auf, diese Ideale in greifbare Praktiken umzuwandeln, um unsere Einstellungen, unser Handeln und unsere Art der Führung zu prägen und so einen soliden Rahmen für eine aufgeklärte und belastbare Führung zu schaffen.

Stoische Prinzipien, die auf Führung anwendbar sind

Die Dichotomie der Kontrolle: Im Zentrum des Stoizismus steht die entscheidende Unterscheidung zwischen dem, was von uns abhängt, und dem, was nicht von uns abhängt. Stoische Führungskräfte konzentrieren ihre Energie auf das, was sie kontrollieren können: ihre Handlungen, ihre Werte, ihre Entscheidungen.

Tugend als Richtschnur: Für die Stoiker ist die Tugend der Schlüssel zum Glück. Stoische Führungspersönlichkeiten bemühen sich, Weisheit, Mut, Gerechtigkeit und Mäßigung in ihrer Führung zu kultivieren.

Resilienz gegenüber Widrigkeiten: Der Stoizismus lehrt die mentale Vorbereitung auf unvermeidliche Herausforderungen. Stoische Führungskräfte sehen Hindernisse als Chancen, um zu wachsen, sich anzupassen und zu inspirieren.

Akzeptanz von Veränderungen: Stoiker zu sein bedeutet, Veränderungen zu akzeptieren und sich an veränderte Umstände anzupassen, ohne die eigenen Grundwerte aus den Augen zu verlieren.

Stoizismus und Führung: eine kraftvolle Verschmelzung

Ziel ist es, die unveränderliche Weisheit des Stoizismus mit den dynamischen und sich entwickelnden Herausforderungen der zeitgenössischen Führung zu verschmelzen.

Indem wir diese beiden Sphären miteinander verbinden, wagen wir uns an einen revolutionären Ansatz für Führung, der in Ethik und Resilienz verankert ist.

Diese Verbindung zwischen den jahrhundertealten Lehren der Stoiker und den Erfordernissen der modernen Führung eröffnet einen Raum der Transformation, in dem die antike Weisheit neue Wege für eine authentische und proaktive Führung beleuchtet.

Dieses erste Kapitel soll einen Rahmen schaffen, um zu verstehen, wie die stoischen Prinzipien wie Selbstbeherrschung, Widerstandsfähigkeit gegenüber Widrigkeiten und Fokussierung auf das, was unter unserer Kontrolle liegt, in die komplexen Dynamiken der zeitgenössischen Führung integriert werden können. Es legt den Grundstein für eine gründliche Erkundung, die anleiten wird, wie diese zeitlosen Prinzipien die Führungspraxis in der heutigen Welt nähren und verändern können.

Stoische ethische Führung

« Wir müssen nicht nur auf das achten, was wir tun, sondern auch auf das, was wir sind ».

— Seneca

Stoische Tugend und Integrität Führung

Die Stoiker betrachteten im Zentrum ihrer Philosophie die Tugend als die Essenz des Glücks. Tugendhaft zu sein bedeutete für sie weit mehr als nur nach moralischen Normen zu handeln; es bedeutete, einen Lebensstil anzunehmen, der von hohen Prinzipien wie Weisheit, Mut, Gerechtigkeit und Mäßigung geleitet wird. Im Zusammenhang mit stoischer Führung hat diese Tugend eine tiefe Bedeutung und beeinflusst jeden Aspekt der Entscheidungsfindung und der Interaktion mit anderen.

Unerschütterliche Integrität stellt für stoische Führungspersönlichkeiten den zentralen Pfeiler dieser Tugend dar. Dies geht weit über bloße Ehrlichkeit oder die Einhaltung ethischer Normen hinaus. Es geht um die ständige Übereinstimmung zwischen den tiefen Werten einer Führungskraft und ihren konkreten Handlungen im Alltag. Diese Führungskräfte verpflichten sich, ihre tiefsten Überzeugungen zu verkörpern, selbst wenn dies schwierige oder unpopuläre Entscheidungen bedeutet.

Diese Integrität, ein Grundpfeiler der stoischen Führung, schafft eine solide Basis für Vertrauen und Loyalität im Team. Wenn die Handlungen einer Führungskraft ihre Grundwerte getreu widerspiegeln, schafft dies einen fruchtbaren Boden, um andere zu inspirieren und zu motivieren. Die Teammitglieder erkennen diese Übereinstimmung und fühlen sich in einer Umgebung sicher, in der Entscheidungen mit einer ethischen Vision und einer an klaren Grundsätzen ausgerichteten Absicht getroffen werden.

Für stoische Führungskräfte geht Integrität also über bloße Worte hinaus; sie ist ein tiefes Bekenntnis zu immateriellen Werten, das durch greifbare Handlungen manifestiert wird. Indem sie diese unerschütterliche Integrität in jeder Entscheidung und Interaktion verkörpern, kultivieren diese Führungskräfte einen fruchtbaren Boden, auf dem Vertrauen gedeiht und Loyalität zu einer greifbaren Realität wird.

Persönliche Verantwortung und stoisches Führungsverhalten

Die persönliche Verantwortung ist ein wesentlicher Pfeiler der stoischen Philosophie. Für die Stoiker geht sie weit darüber hinaus, einfach nur die Verantwortung für die eigenen Handlungen zu übernehmen. Es ist eine tiefe Anerkennung der moralischen Pflicht gegenüber den Auswirkungen, die diese Handlungen auf die Welt um uns herum haben können.

Stoische Führungskräfte, die von dieser Philosophie geprägt sind, verstehen, dass ihre Verantwortung weit über ihre individuellen Handlungen hinausgeht. Sie erkennen ihren Einfluss auf ihr Team, ihre Organisation und die Gesellschaft als Ganzes. Diese Erkenntnis veranlasst sie, als Agenten des ethischen Wandels aufzutreten und die Verantwortung für die Richtung, die sie vorgeben, zu übernehmen.

Intern erkennen diese Führungskräfte ihre Verantwortung gegenüber ihrem Team. Sie verstehen, dass sie nicht einfach nur Manager sind, sondern Führer und Förderer des Potenzials jedes Einzelnen. Sie versuchen, ein Umfeld zu schaffen, das Wachstum, persönliche und berufliche Entwicklung fördert, und übernehmen die Verantwortung für das Wohlergehen und die Entfaltung ihrer Mitarbeiter.

Auf organisatorischer Ebene sehen stoische Führungskräfte über die unmittelbaren Interessen hinaus. Sie verstehen ihre Rolle bei der Schaffung einer Unternehmenskultur, die auf soliden Werten und Integrität beruht. Sie übernehmen die Verantwortung für die Gestaltung einer Vision, die über kurzfristige Gewinne hinausgeht und einen nachhaltigen Ansatz bevorzugt, der zum Gedeihen des Unternehmens und seiner Stakeholder beiträgt.

Schließlich ist auch die soziale Verantwortung ein entscheidender Aspekt für diese Führungskräfte. Sie erkennen die Auswirkungen ihres Handelns auf die Gesellschaft als Ganzes. Sie übernehmen die Verantwortung dafür, zu einer besseren Welt beizutragen, indem sie dafür sorgen, dass ihre Entscheidungen und Handlungen der Gemeinschaft nicht schaden, sondern ihr vielmehr einen Mehrwert bringen.

Für stoische Führungskräfte ist persönliche Verantwortung also eine umfassende Verpflichtung zu Integrität, Wachstum und Wohlbefinden, nicht nur für sie selbst, sondern für alle, die sie direkt oder indirekt beeinflussen. Es ist dieses tiefe Verständnis von Verantwortung, das ihre ethische Führung und ihren nachhaltigen Einfluss auf die Welt um sie herum leitet.

Die goldene Regel der Stoiker: Handeln im Einklang mit der Natur

Im Einklang mit der Natur zu handeln bedeutet für die Stoiker, gemäß der natürlichen Ordnung der Dinge zu leben. Dies geht über die bloße Beobachtung von Naturphänomenen hinaus; es bedeutet auch, im Einklang mit der Vernunft, der Tugend und der Logik zu leben, die unserer menschlichen Natur innewohnen. Stoische Führungspersönlichkeiten integrieren diese Regel als grundlegende Richtschnur für ihre Entscheidungen und Handlungen und versuchen so, universelle Prinzipien in ihrer Führung zu verkörpern.

Die Harmonisierung mit der Natur, wie sie von den Stoikern verstanden wird, ist keine passive Unterwerfung unter äußere Ereignisse, sondern vielmehr eine proaktive Haltung, die auf Vernunft und Tugend beruht. Stoische Führungspersönlichkeiten pflegen bei ihren Entscheidungen eine aufgeklärte Rationalität und vermeiden impulsive oder emotionale Reaktionen. Stattdessen streben sie einen überlegten und logischen Ansatz an, bei dem sie die langfristigen Folgen ihrer Handlungen bedenken.

Integrität und Tugendhaftigkeit stehen im Mittelpunkt dieser Philosophie. Stoische Führungspersönlichkeiten treffen gerechte und ethische Entscheidungen auf der Grundlage universeller Prinzipien und nicht persönlicher oder vergänglicher Interessen. Ihr Ziel ist es, das Gemeinwohl und die kollektive Entfaltung zu fördern, anstatt kurzfristige individuelle Gewinne zu bevorzugen.

Die Ausrichtung auf die Natur nach den Stoikern beschränkt sich nicht auf einen individualistischen Ansatz. Es beinhaltet auch die Anerkennung der Verbundenheit aller Dinge untereinander. Stoische Führungskräfte bedenken die Auswirkungen ihrer Entscheidungen auf ihr gesamtes Team, ihre Organisation und die Gesellschaft als Ganzes. Sie versuchen, so zu handeln, dass Harmonie und Gleichgewicht in diesen komplexen Systemen gefördert werden.

Mit der Regel, im Einklang mit der Natur zu leben, wollen stoische Führungskräfte Arbeitsumgebungen schaffen, in denen Vernunft, Tugend und Logik das Handeln leiten und so ethische, gerechte und an universellen Prinzipien ausgerichtete Entscheidungen fördern. Dieser Ansatz leitet nicht nur ihre strategischen Entscheidungen, sondern auch ihr tägliches Verhalten und schafft so eine ethische und nachhaltige Führung.

Stoische Führung und Empathie

Der Stoizismus, der oft mit Selbstbeherrschung und Emotionskontrolle in Verbindung gebracht wird, unterschätzt nicht die Bedeutung von Empathie in der Führung. Stoische Führungskräfte integrieren Selbstbeherrschung in ein tiefes Verständnis und eine aktive Praxis der Empathie und erkennen damit deren entscheidende Rolle bei der Stärkung der zwischenmenschlichen Beziehungen in ihren Teams an.

Stoische Selbstbeherrschung beschränkt sich nicht auf den Umgang mit den eigenen Emotionen; sie beinhaltet auch die Fähigkeit, die Emotionen anderer zu erkennen und zu verstehen. Stoische Führungskräfte kultivieren eine emotionale Sensibilität, die es ihnen ermöglicht, die Bedürfnisse, Sorgen und Perspektiven ihrer Mitarbeiter zu erfassen. Dieses Einfühlungsvermögen bedeutet nicht nur, die Emotionen anderer zu spüren, sondern auch, sie mit rationaler Klarheit zu verstehen, ohne sich von ihnen mitreißen zu lassen.

Dieses Gleichgewicht zwischen Selbstbeherrschung und Einfühlungsvermögen ermöglicht es stoischen Führungskräften, innerhalb ihres Teams Beziehungen aufzubauen, die von Vertrauen und gegenseitigem Respekt geprägt sind. Durch ein tiefes Verständnis der Herausforderungen und Bestrebungen ihrer Mitarbeiter können diese Führungskräfte ihre Kommunikation, Entscheidungsfindung und ihren Führungsstil so anpassen, dass sie den individuellen und kollektiven Bedürfnissen besser gerecht werden.

Die Empathie stoischer Führungskräfte ist keine Schwäche, sondern eine Stärke. Sie fördert eine Organisationskultur, die auf Verständnis, Zusammenarbeit und gegenseitiger Unterstützung beruht. Diese Führungskräfte ermutigen offen zum Ausdruck von Emotionen, während sie bei der Problemlösung und Entscheidungsfindung eine aufgeklärte Perspektive und geistige Klarheit bewahren.

So ermöglicht die Kombination aus stoischer Selbstbeherrschung und aktiver Empathie stoischen Führungskräften, Arbeitsumgebungen zu schaffen, in denen menschliche Beziehungen geehrt werden, gegenseitiges Verständnis gefördert wird und sich der Einzelne unterstützt und wertgeschätzt fühlt. Dieser ausgewogene Ansatz trägt zu einer effektiven und ethischen Führung bei, in der Rationalität und Emotionen harmonisch nebeneinander existieren.

Stoische Selbstbeherrschung und Resilienz

« Folge der universellen Natur, in Übereinstimmung mit der alle anderen existieren ».

— Mark Aurel

Selbstbeherrschung: Schlüssel zur stoischen Führung

Selbstbeherrschung war in der stoischen Philosophie von zentraler Bedeutung und galt als Grundlage für Weisheit und Tugend. Für stoische Führungskräfte war diese Fähigkeit, ihre Gedanken, Emotionen und Handlungen zu steuern, von entscheidender Bedeutung und bot Geistesgegenwart und emotionale Stabilität in jeder Situation.

Stoische Selbstbeherrschung beruht auf dem Verständnis dessen, was unter unserer Kontrolle steht und was nicht. Stoische Führungskräfte konzentrieren ihre Anstrengungen und ihre Energie auf das, worauf sie direkten Einfluss haben, nämlich ihre Einstellungen, Reaktionen und Verhaltensweisen. So entwickeln sie eine ständige Wachsamkeit gegenüber ihren Gedanken und versuchen, diese in Richtung Rationalität und Klarheit zu formen, anstatt impulsiven oder destruktiven Emotionen nachzugeben.

Die Pflege dieser Fähigkeit zur Selbstbeherrschung ermöglicht es stoischen Führungskräften, angesichts von Widrigkeiten oder äußerem Druck emotionale Stabilität zu bewahren. Sie lernen, selbst in Zeiten intensiven Stresses ruhig und besonnen zu bleiben, was sie in die Lage versetzt, fundierte und ethische Entscheidungen zu treffen.

Diese Selbstbeherrschung beschränkt sich nicht auf passive Selbstbeobachtung; sie wird in konkrete Handlungen umgesetzt. Stoische

Führungskräfte handeln in Übereinstimmung mit ihren Grundwerten, selbst wenn dies schwierige oder unpopuläre Entscheidungen bedeutet. Ihre Beständigkeit in ihrer Ethik und ihrem Verhalten stärkt das Vertrauen ihres Teams und flößt Respekt ein.

Kurz gesagt: Für stoische Führungskräfte ist Selbstbeherrschung nicht einfach ein Ideal, sondern eine tägliche Praxis. Indem sie diese Fähigkeit entwickeln, ihre Gedanken, Emotionen und Handlungen zu steuern, formen sie eine Geistesgegenwart und Stabilität, die ihnen hilft, ihre Teams in den kritischsten Momenten mit Weisheit und Ethik zu führen.

Mentale Vorbereitung und Antizipation von Hindernissen

Für die Stoiker war die mentale Vorbereitung ein entscheidender Bestandteil der Resilienz. Sie befürworteten die Antizipation von Hindernissen und die mentale Vorbereitung auf widrige Umstände als wesentliche Mittel, um angesichts der Herausforderungen des Lebens stark und widerstandsfähig zu bleiben. Stoische Führungskräfte übernehmen diese Philosophie, entwickeln die Fähigkeit, verschiedene Szenarien in Betracht zu ziehen, und stärken so ihre Anpassungsfähigkeit und Agilität im Umgang mit Veränderungen.

Diese proaktive Antizipation von Hindernissen ermöglicht es stoischen Führungskräften, sich mental auf ungünstige Eventualitäten vorzubereiten. Sie konzentrieren sich nicht nur auf den erwarteten Erfolg, sondern antizipieren auch mögliche Schwierigkeiten. Diese mentale Vorbereitung macht sie weniger anfällig für Überraschungen und emotionale Schocks, wenn Hindernisse auftauchen.

Indem sie sich verschiedene Situationen vorstellen und sich mental darauf vorbereiten, sie zu bewältigen, entwickeln stoische Führungskräfte ihre Agilität und Anpassungsfähigkeit. Sie werden in der Lage, sich schnell zu drehen, wenn unerwartete Umstände eintreten, anstatt durch das Unerwartete verwirrt oder blockiert zu werden. Diese Vorbereitung verleiht ihnen ein ruhiges Selbstvertrauen, da sie wissen, dass sie mental auf verschiedene Szenarien vorbereitet sind.

Das bedeutet nicht, dass sie zwangsläufig mit dem Schlimmsten rechnen, sondern dass sie eine vorbereitete und belastbare Mentalität kultivieren. Sie streben danach, unter allen Umständen bereit zu sein, klar und ruhig zu handeln, was es ihnen ermöglicht, ihre Teams auch in Krisenzeiten souverän zu führen.

Kurz gesagt: Diese Fähigkeit stoischer Führungskräfte, Hindernisse vorauszusehen und sich mental auf Widrigkeiten vorzubereiten, stärkt ihre Widerstandsfähigkeit und Anpassungsfähigkeit. Diese Vorbereitung ermöglicht es ihnen, angesichts von Veränderungen agil zu bleiben und gleichzeitig unter allen Umständen eine stabile und beruhigende Führung für ihr Team aufrechtzuerhalten.

Misserfolge akzeptieren und umwandeln

Der Stoizismus bietet eine einzigartige Perspektive auf die Akzeptanz von Misserfolgen. Für die Stoiker ist die Fähigkeit, Rückschläge als Wachstumschancen zu umarmen, ein zentraler Bestandteil ihrer Philosophie. Stoische Führungskräfte verinnerlichen diese Lehre, indem sie Misserfolge in Lektionen umwandeln und sich auf das Lernen konzentrieren, anstatt sich auf vergangene Fehler zu fixieren.

Für diese Führungspersönlichkeiten stellt jeder Misserfolg eine Gelegenheit zum Lernen und zur Entwicklung dar. Anstatt sie als endgültige Niederlagen zu betrachten, sehen sie sie als Momente der reflektierten Analyse. Sie versuchen zu verstehen, was zum Scheitern geführt hat, welche Lehren daraus gezogen werden können und wie sie sich in Zukunft verbessern können.

Diese Mentalität ermöglicht es stoischen Führungspersönlichkeiten, Entmutigung oder Niederlagen angesichts von Rückschlägen zu überwinden. Anstatt sich mit den negativen Emotionen aufzuhalten, die mit einem Misserfolg verbunden sind, nehmen sie eine proaktive und konstruktive Haltung ein. Sie kanalisieren ihre Energie auf die persönliche und berufliche Verbesserung und verwandeln so Misserfolge in Wachstumskatalysatoren.

Indem sie die Fähigkeit kultivieren, aus Misserfolgen zu lernen, stärken stoische Führungskräfte ihre Resilienz. Sie werden agiler und sind besser auf zukünftige Herausforderungen vorbereitet. Darüber hinaus inspiriert dieser Ansatz ihr Team, indem er die Bedeutung von Anpassungsfähigkeit, Verantwortung und kontinuierlichem Lernen aufzeigt und so eine Organisationskultur schafft, die auf ständige Verbesserung ausgerichtet ist.

Alles in allem ist es für stoische Führungskräfte ein Eckpfeiler ihrer Philosophie, Rückschläge als Wachstumschancen zu akzeptieren. Indem sie Rückschläge in Lektionen umwandeln, bauen sie eine Führung auf, die Resilienz, Anpassungsfähigkeit und das kontinuierliche Streben nach Spitzenleistungen fördert.

Die Praxis der stoischen Achtsamkeit

Achtsamkeit nimmt in der stoischen Führungspraxis einen entscheidenden Platz ein. Für diese Führungspersönlichkeiten bedeutet Achtsamkeit, im gegenwärtigen Augenblick voll präsent zu sein, losgelöst von Sorgen um die ungewisse Zukunft oder Bedauern über die vergangene Vergangenheit. Diese Fähigkeit ermöglicht es ihnen, fundierte und durchdachte Entscheidungen zu treffen, die in der gegenwärtigen Realität verankert sind.

Die Praxis der Achtsamkeit ermöglicht es stoischen Führungspersönlichkeiten, geistige Klarheit zu kultivieren. Sie konzentrieren sich auf die gegenwärtigen Umstände und eliminieren so unnötige geistige Ablenkungen. Dies verschafft ihnen eine klarere Perspektive, um Situationen zu bewerten, angemessen zu reagieren und

Entscheidungen zu treffen, die auf Fakten statt auf Emotionen beruhen.

Indem sie es vermeiden, sich in Mutmaßungen über die Zukunft oder in Bedauern über die Vergangenheit zu verlieren, entwickeln stoische Führungskräfte emotionale Widerstandsfähigkeit. Sie lernen, Unvorhergesehenes zu akzeptieren und mit Gelassenheit zu bewältigen, und fördern so einen besseren Umgang mit Stress und Angst.

Diese Praxis der Achtsamkeit bedeutet nicht, dass die Lektionen der Vergangenheit ignoriert oder die Planung für die Zukunft vernachlässigt werden. Im Gegenteil, sie fördert gesundes Denken und vorsichtige Vorbereitung, ohne dass dies jedoch zu einer Quelle ständiger Besorgnis wird.

Letztendlich ist Achtsamkeit für stoische Führungskräfte ein mächtiges Werkzeug, das es ihnen ermöglicht, im gegenwärtigen Moment geistesgegenwärtig zu bleiben. Dies hilft ihnen, fundierte Entscheidungen zu treffen, Herausforderungen weise zu bewältigen und eine klare, ausgewogene Vision zu kultivieren, wodurch sie ihre Teams in einer sich ständig verändernden Welt zum Erfolg führen.

Die nächsten Kapitel werden tiefer in die Art und Weise eintauchen, wie diese stoischen Prinzipien der Selbstbeherrschung und Resilienz in bestimmten Führungskontexten angewendet werden können. Sie werden beleuchten, wie diese Fähigkeiten bei der strategischen Entscheidungsfindung, der Teamführung, der Konfliktlösung und vielen anderen Aspekten der modernen Führung von unschätzbarem Wert sein können.

Stoische Anpassungsfähigkeit in der Führung

« Um mit sich selbst im Einklang zu sein,

muss man die anderen kennen ».

— Seneca

Akzeptanz von Veränderungen: Stoische Grundlage

Die Stoiker haben immer betont, wie wichtig es ist, Veränderungen unweigerlich zu akzeptieren. Für stoische Führungskräfte ist dieser Gedanke von grundlegender Bedeutung. Sie umarmen ihn voll und ganz und befreien sich so von unnötigen Widerständen, um sich effektiver an neue Realitäten und Möglichkeiten anzupassen.

Diese stoische Lehre ermutigt dazu, anzuerkennen, dass Veränderungen eine Konstante im Leben sind. Stoische Führungskräfte verinnerlichen diese Perspektive und vermeiden es, hartnäckig an festgefahrenen Situationen oder veralteten Strukturen festzuhalten. Stattdessen nehmen sie eine flexible und offene Mentalität gegenüber Veränderungen an und erkennen, dass diese Chancen für Wachstum und Verbesserung mit sich bringen können.

Die Akzeptanz von Veränderungen ermöglicht es stoischen Führungskräften, Übergänge besser zu bewältigen. Anstatt sich zu widersetzen oder von Veränderungen überrollt zu werden, begegnen sie ihnen mit einer positiven Einstellung und Anpassungsfähigkeit. Dadurch können sie effektiver durch turbulente Zeiten navigieren, indem sie kreative Lösungen für aufkommende Herausforderungen finden.

Diese Akzeptanz von Veränderungen bedeutet nicht, dass man den Ereignissen passiv gegenübersteht. Im Gegenteil, sie ermutigt dazu, in Zeiten des Wandels proaktiv Chancen zu erkennen. Stoische

Führungskräfte sind in der Lage, über momentane Störungen hinauszublicken, um die neuen Perspektiven und Möglichkeiten zu erfassen, die der Wandel bietet.

Zusammenfassend lässt sich sagen, dass für stoische Führungskräfte die Akzeptanz von Veränderungen eine Quelle der Stärke und Agilität ist. Indem sie diese Idee umarmen, befreien sie sich von unnötigen Widerständen, nehmen eine proaktive Haltung gegenüber Übergängen ein und nutzen den Wandel als Chance, um innovativ zu sein, zu wachsen und ihre Teams zu neuen Höhen zu führen.

Gleichgewicht zwischen Kontrolle und Loslassen

Die Stoiker propagierten ein Gleichgewicht zwischen der Kontrolle über das, was von uns abhängt, und dem Loslassen dessen, was sich unserer Kontrolle entzieht, und betrachteten diese Philosophie als grundlegend für ein ausgeglichenes Leben. Stoische Führungskräfte integrieren dieses Konzept in ihren Führungsansatz und kultivieren ein ausgeprägtes Bewusstsein für das, was sie beeinflussen können, und das, was außerhalb ihrer Kontrolle liegt. Dieses Bewusstsein befreit sie von dem Stress, der mit dem Versuch verbunden ist, das Unkontrollierbare zu kontrollieren, und fördert so ihre Anpassungsfähigkeit und Resilienz.

Für diese Führungskräfte bedeutet die Kontrolle dessen, was von ihnen abhängt, vor allem ihre Gedanken, Handlungen und Reaktionen. Sie richten ihre Anstrengungen und ihre Energie auf

Aspekte, die sie direkt beeinflussen können, wie z. B. ihre Entscheidungsfindung, ihre Arbeitsmoral und die Art und Weise, wie sie mit ihrem Team interagieren. So können sie geistige Klarheit bewahren und sich auf das konzentrieren, was für ihre Rolle als Führungskraft wesentlich ist.

Andererseits erkennen stoische Führungskräfte auch die Grenzen ihrer Kontrolle. Sie nehmen ein Loslassen der äußeren Elemente an, die sie nicht ändern können, wie die Handlungen anderer, unvorhergesehene Ereignisse oder Umstände, die sich ihrem Einfluss entziehen. Diese Akzeptanz ermöglicht es ihnen, unnötigen Stress zu reduzieren und sich darauf zu konzentrieren, proaktiv mit den Dingen umzugehen, die in ihrer Macht stehen.

Dieses Gleichgewicht zwischen Kontrolle und Loslassen zu kultivieren, verleiht stoischen Führungskräften geistige und emotionale Flexibilität. Sie werden resilienter gegenüber Ungewissheit und können sich besser an Veränderungen anpassen. Dieser Ansatz hilft ihnen, in chaotischen oder unvorhersehbaren Situationen ihr Gleichgewicht und ihre Ruhe zu bewahren, und stärkt so ihre Fähigkeit, auch unter unsicheren Umständen effektiv zu führen.

Kurz gesagt: Für stoische Führungskräfte ist das Gleichgewicht zwischen Kontrolle und Loslassen ein wesentlicher Aspekt ihrer Führungsqualitäten. Dieses Bewusstsein ermöglicht es ihnen, ihre Energie dort zu fokussieren, wo sie am produktivsten ist, und fördert so eine bessere Anpassungsfähigkeit und Gelassenheit bei der Entscheidungsfindung und der Bewältigung alltäglicher Herausforderungen.

Geistige Flexibilität: ein stoischer Trumpf

Geistige Flexibilität ist für stoische Führungskräfte eine entscheidende Fähigkeit. Sie versuchen, diese Fähigkeit zu entwickeln, Situationen aus verschiedenen Blickwinkeln zu betrachten, innovative Lösungen zu erforschen und ihre Vorgehensweise an sich ändernde Umstände anzupassen.

Stoische Führungskräfte verstehen, dass geistige Starrheit Wachstum und Erfolg behindern kann. Sie bemühen sich daher, eine offene und anpassungsfähige Haltung zu bewahren, die in der Lage ist, sich auf Herausforderungen und Chancen einzustellen. Diese geistige Flexibilität ermöglicht es ihnen, die Fallstricke des dogmatischen Denkens und des Widerstands gegen Veränderungen zu vermeiden.

Indem sie verschiedene Perspektiven erkunden, erweitern stoische Führungskräfte ihr Blickfeld. Sie beschränken sich nicht auf einen einzigen Ansatz oder eine vorgefasste Lösung, sondern suchen aktiv nach Alternativen. Dies fördert kreatives und innovatives Denken und ebnet den Weg für neue Ideen und originelle Strategien zur Bewältigung von Herausforderungen.

Darüber hinaus ermöglicht ihnen diese geistige Flexibilität, sich an wechselnde Umstände anzupassen. Stoische Führungskräfte sind sich bewusst, dass sich das berufliche Umfeld ständig verändert. Daher passen sie ihre Vorgehensweise an neue Informationen, Feedback und Veränderungen im externen oder internen Kontext ihrer Organisation an.

Diese Kompetenz ist nicht nur eine Frage der Anpassungsfähigkeit, sondern auch der Resilienz. Stoische Führungskräfte nutzen ihre geistige Flexibilität, um an Rückschlägen abzuprallen, aus Misserfolgen zu lernen und sich schnell wieder anzupassen, um voranzukommen.

Zusammenfassend lässt sich sagen, dass für stoische Führungskräfte geistige Flexibilität weit mehr als nur eine Fähigkeit ist. Sie ist eine Geisteshaltung, die Kreativität, Anpassungsfähigkeit und Resilienz fördert. Indem sie diese Fähigkeit kultivieren, sind sie besser gerüstet, um erfolgreich durch die Herausforderungen und den ständigen Wandel der Berufswelt zu navigieren.

Stoische Führung und Innovation

Der stoische Ansatz bietet einen fruchtbaren Boden für Innovationen, indem er dazu ermutigt, etablierte Normen in Frage zu stellen und neue Wege zu beschreiten. Stoische Führungskräfte, die sich der Bedeutung dieser Mentalität bewusst sind, fördern diesen Ansatz aktiv in ihren Teams und begünstigen so ein innovationsfreundliches Umfeld.

Die Stoiker stellten Konventionen in Frage und förderten die kritische Überprüfung etablierter Überzeugungen. In ähnlicher Weise schätzen stoische Führungskräfte diese Mentalität des Hinterfragens in ihren Teams. Sie halten ihre Mitarbeiter dazu an, sich nicht mit dem Status quo zufrieden zu geben, sondern ständig nach Möglichkeiten zu suchen, bestehende Prozesse, Ideen und Strategien zu verbessern.

Dieser Ansatz fördert Offenheit und das Erkunden neuer Perspektiven. Stoische Führungskräfte fördern Kreativität und Innovation, indem sie einen Raum bereitstellen, in dem innovative Ideen willkommen geheißen, geprüft und umgesetzt werden. Sie schaffen ein Klima, in dem sich die Teammitglieder wohlfühlen, wenn sie ihre Ideen ohne Angst vor Verurteilung oder Ablehnung äußern.

Darüber hinaus fördert diese stoische Mentalität das Eingehen kalkulierter Risiken. Stoische Führungskräfte erkennen an, dass Innovation oft mit Unsicherheit und der Möglichkeit des Scheiterns einhergeht. Sie ermutigen ihre Teams jedoch, diese Misserfolge als Schritte zum Fortschritt zu sehen und aus jeder Erfahrung zu lernen, um sich zu verbessern.

Indem sie dazu ermutigen, etablierte Normen in Frage zu stellen, schaffen stoisch denkende Führungskräfte dynamische Arbeitsumgebungen, in denen Innovationen geschätzt und gefördert werden. Dieser Ansatz ermöglicht es ihren Teams, wettbewerbsfähig zu bleiben, Veränderungen vorwegzunehmen und kreative Lösungen für aufkommende Herausforderungen zu finden.

Für stoische Führungskräfte ist Innovation also weit mehr als nur die Suche nach neuen Ideen; sie ist eine Mentalität, die Neugier, Kreativität und Problemlösungsfähigkeit nährt und so einen Wettbewerbsvorteil für ihre Organisation schafft.

Dieses Kapitel unterstreicht die wesentliche stoische Anpassungsfähigkeit in der zeitgenössischen Führung. Indem sie eine Haltung der Veränderung einnehmen, Kontrolle und Loslassen ausbalancieren, geistige Flexibilität entwickeln und Innovation fördern, bereiten sich stoische Führungskräfte darauf vor, in einer sich ständig verändernden Welt erfolgreich zu sein. In den nächsten Kapiteln wird untersucht, wie diese Prinzipien in verschiedenen spezifischen Führungskontexten angewendet werden können.

Kommunikation und zwischenmenschliche Beziehungen

« Im Einklang mit der Natur zu leben, bedeutet,

Seelenfrieden zu erreichen ».

— Epiktet

Stoische Klarheit und aktives Zuhören

Die Stoiker legten großen Wert auf Klarheit in der Kommunikation und die Praxis des aufmerksamen Zuhörens. Für stoische Führungskräfte sind diese Fähigkeiten von entscheidender Bedeutung. Sie bemühen sich, ihre Ideen kurz und präzise auszudrücken, und entwickeln gleichzeitig die Fähigkeit, die Perspektiven anderer vollständig zu verstehen.

Klarheit in der Kommunikation ist für stoische Führungspersönlichkeiten entscheidend. Sie erkennen, wie wichtig es ist, ihre Ideen, Ziele und Erwartungen effektiv an ihr Team weiterzugeben. Indem sie direkte und verständliche Botschaften verwenden, minimieren sie Missverständnisse und fördern ein gemeinsames Verständnis innerhalb der Organisation.

Darüber hinaus legen stoische Führungskräfte großen Wert auf das aufmerksame Zuhören. Sie entwickeln diese Fähigkeit, um die Ansichten und Anliegen ihrer Mitarbeiter vollständig zu verstehen. Indem sie aktiv zuhören, zeigen sie Einfühlungsvermögen, stärken das Vertrauen und fördern die Beteiligung des Teams, was wiederum ein kollaboratives und integratives Arbeitsumfeld begünstigt.

Die Kultivierung von Klarheit in der Kommunikation und das aufmerksame Zuhören helfen stoischen Führungskräften, vertrauensvolle Beziehungen zu ihrem Team aufzubauen. Dieser Ansatz fördert einen offenen und ehrlichen Austausch, wodurch sich die Teammitglieder gehört und wertgeschätzt fühlen können, was wiederum zu mehr Engagement und Motivation innerhalb der Organisation beiträgt.

Kurz gesagt: Für stoische Führungskräfte sind klare Kommunikation und aufmerksames Zuhören nicht einfach nur Fähigkeiten, sondern grundlegende Praktiken, um ein harmonisches und produktives Arbeitsumfeld zu schaffen. Indem sie diese Fähigkeiten kultivieren, verbessern sie ihre Fähigkeit, effektiv zu führen, indem sie Vertrauen schaffen, die Zusammenarbeit fördern und einen Raum schaffen, in dem jede Stimme gehört und respektiert wird.

Einfühlsame Kommunikation und stoische Führung

Empathie nimmt in der stoischen Führung einen entscheidenden Platz ein. Stoische Führungskräfte erkennen und äußern aufrichtige Empathie für die emotionalen und beruflichen Bedürfnisse ihres Teams. Diese Eigenschaft stärkt das Vertrauen, fördert ein Umfeld der gegenseitigen Unterstützung und trägt zur beruflichen und persönlichen Entwicklung innerhalb der Organisation bei.

Für stoische Führungskräfte bedeutet Empathie mehr als nur ein Verständnis für die Gefühle anderer, sondern sie äußert sich in empathischem Handeln. Sie achten auf die Emotionen und Bedürfnisse ihrer Mitarbeiter und versuchen, angemessen und unterstützend zu reagieren. Dies kann sich darin äußern, dass sie den Teammitgliedern aufmerksam zuhören, sie ermutigen oder situationsgerecht unterstützen.

Dieses aufrichtige Einfühlungsvermögen stärkt die Arbeitsbeziehungen. Indem sie die emotionalen Bedürfnisse ihres Teams erkennen und darauf eingehen, schaffen stoisch denkende Führungskräfte ein Klima des Vertrauens und der Unterstützung. Die Teammitglieder fühlen sich wertgeschätzt und verstanden, was ihr Engagement und ihre Motivation steigert.

Darüber hinaus fördert dieses Einfühlungsvermögen ein Umfeld, in dem Authentizität gefördert wird. Stoische Führungskräfte gehen mit gutem Beispiel voran, indem sie selbst eine Form der emotionalen Authentizität zum Ausdruck bringen, was einen sicheren Raum für die Teammitglieder schafft, ihre Sorgen und Herausforderungen mitzuteilen.

Schließlich trägt dieser empathische Ansatz auch zum beruflichen Wachstum und zur beruflichen Entwicklung bei. Stoische Führungskräfte erkennen, dass das Eingehen auf die emotionalen Bedürfnisse ihres Teams dazu beiträgt, ein Umfeld zu schaffen, in dem sich die Mitglieder unterstützt und ermutigt fühlen, ihr Potenzial zu entfalten.

Zusammenfassend lässt sich sagen, dass für stoische Führungskräfte Empathie eine grundlegende Fähigkeit ist, die über das bloße Erkennen der Emotionen anderer hinausgeht. Sie äußert sich in konkreten Handlungen, um auf die emotionalen und beruflichen Bedürfnisse des Teams einzugehen. Diese Eigenschaft stärkt das Vertrauen, fördert ein Klima der gegenseitigen Unterstützung und trägt zur beruflichen und persönlichen Entfaltung innerhalb der Organisation bei.

Konfliktbewältigung mit stoischer Weisheit

Die Stoiker haben Lehren darüber überliefert, wie man Konflikte mit Weisheit und Gelassenheit bewältigt. Stoische Führungskräfte integrieren diese Techniken, um eine konstruktive Konfliktlösung in ihrem Team zu fördern.

Die stoische Philosophie ermutigt dazu, Konflikte mit Ruhe und Rationalität anzugehen. Stoische Führungskräfte verfolgen diesen Ansatz an vorderster Front und demonstrieren eine überlegte und besonnene Haltung, wenn sie mit Meinungsverschiedenheiten oder Spannungen innerhalb ihres Teams konfrontiert werden. Anstatt impulsiv oder emotional zu reagieren, treten sie einen Schritt zurück, um die Situation objektiv zu bewerten.

Ein weiterer wichtiger Aspekt des stoischen Ansatzes bei der Konfliktbewältigung ist die Suche nach rationalen Lösungen. Die Stoiker legten großen Wert darauf, Probleme mithilfe von Vernunft und Logik zu lösen. Ebenso ermutigen stoische Führungskräfte ihre Teams, einen ähnlichen Ansatz zu verfolgen, indem sie nach pragmatischen und fairen Lösungen für Konflikte suchen.

Darüber hinaus sind offene Kommunikation und die Suche nach Kompromissen grundlegende Prinzipien der stoischen Konfliktbewältigung. Stoische Führungskräfte fördern einen offenen und respektvollen Dialog zwischen den Konfliktparteien und ermutigen dazu, nach Lösungen zu suchen, die den Bedürfnissen aller Beteiligten gerecht werden. Sie fördern Kooperation und Konsensfindung statt Konfrontation oder Polarisierung.

Durch die Anwendung dieser Konfliktbewältigungstechniken schaffen stoisch denkende Führungskräfte ein Umfeld, in dem Meinungsverschiedenheiten konstruktiv gelöst werden können. Dieser Ansatz fördert ein Klima, in dem sich die Teammitglieder angehört und respektiert fühlen, was die zwischenmenschlichen Beziehungen stärkt und zu einer Organisationskultur beiträgt, die auf Zusammenarbeit und gegenseitigem Respekt beruht.

Zusammenfassend lässt sich sagen, dass es für stoische Führungskräfte von entscheidender Bedeutung ist, Konflikte mit Weisheit und Gelassenheit zu bewältigen. Indem sie einen rationalen Ansatz verfolgen, offene Kommunikation und die Suche nach konstruktiven Lösungen fördern, tragen sie dazu bei, ein Umfeld zu schaffen, in dem Konflikte produktiv bearbeitet werden, und fördern so das Wachstum und den Erfolg ihres Teams.

Gewaltfreie Kommunikation und das stoische Prinzip

Die Gewaltfreie Kommunikation (GFK) und ihre Prinzipien stehen im Einklang mit den stoischen Lehren. Stoische Führungskräfte integrieren diesen Ansatz, um offene und respektvolle Interaktionen innerhalb ihres Teams zu fördern.

Die GFK legt den Schwerpunkt auf den authentischen Ausdruck von Gefühlen und Bedürfnissen, wobei der gegenseitige Respekt gewahrt bleibt. Sowohl die Stoiker als auch die GFK-Praktizierenden schätzen den ehrlichen Ausdruck, während sie Urteile oder persönliche Angriffe vermeiden. Stoische Führungskräfte übernehmen diesen Ansatz, indem sie ihre Mitarbeiter ermutigen, offen und aufrichtig zu kommunizieren und gleichzeitig ein Umfeld aufrechtzuerhalten, in dem sich jeder gehört und respektiert fühlt.

Eine weitere Schlüsselkomponente der GFK ist das Bemühen um ein tiefes Verständnis der zugrunde liegenden Bedürfnisse in einer Konfliktsituation. Auch die Stoiker legten Wert darauf, die Motive und Bedürfnisse hinter den Handlungen anderer zu verstehen. Stoische Führungskräfte fördern diese Praxis, indem sie ihrem Team helfen, die grundlegenden Bedürfnisse hinter Konflikten zu erkennen und zu verstehen, und so eine umfassendere und respektvollere Lösung fördern.

Die GFK fördert auch das Einfühlungsvermögen, indem sie dazu auffordert, sich in die Lage des anderen zu versetzen, um seinen Standpunkt besser zu verstehen. Stoische Führungskräfte fördern diese Praxis der Empathie, indem sie ihre Mitarbeiter ermutigen, die Perspektiven anderer zu betrachten, und so die Fähigkeit des Teams stärken, unterschiedliche Positionen zu verstehen und Lösungen zu finden, die die Bedürfnisse aller Beteiligten berücksichtigen.

Indem sie die Prinzipien der GFK in ihren Kommunikationsansatz integrieren, schaffen stoisch denkende Führungskräfte ein Umfeld, in dem Verständnis, Authentizität und gegenseitiger Respekt geschätzt werden. Dieser Ansatz erleichtert konstruktivere Interaktionen, fördert die Lösung von Konflikten und stärkt die Beziehungen innerhalb des Teams.

Alles in allem stellt die gewaltfreie Kommunikation für stoische Führungskräfte eine wertvolle Methode dar, um respektvolle und konstruktive Interaktionen zu fördern. Indem sie ehrliche Ausdrucksweise, Verständnis für die zugrunde liegenden Bedürfnisse und Einfühlungsvermögen fördern, tragen sie zu einem Arbeitsklima bei, in dem die Kommunikation effektiv ist und Konflikte auf harmonischere und für alle Beteiligten befriedigende Weise gelöst werden.

Langfristige Vision und stoische Führung

« *Es ist nicht möglich, glücklich zu leben, ohne weise und ehrenhaft zu leben, und umgekehrt* ».

— Epiktet

Stoische Zeitperspektive

Die Stoiker hatten eine erweiterte Zeitperspektive, die die Vergänglichkeit des Lebens und die Wichtigkeit, die langfristigen Folgen unserer Handlungen zu bedenken, betonte. Diese zeitliche Perspektive hat eine große Relevanz für stoische Führungskräfte, die sie sich zu eigen machen, um Entscheidungen zu treffen, die auf nachhaltige Ziele ausgerichtet sind.

Die Stoiker ermutigten dazu, die Zeitlichkeit des Lebens zu betrachten, betonten die Vergänglichkeit der Dinge und forderten dazu auf, sich auf das zu konzentrieren, was dauerhaft und bedeutsam ist. Ebenso beziehen stoische Führungskräfte diese Sichtweise mit ein, um ihre Entscheidungen zu lenken. Sie berücksichtigen die langfristigen Auswirkungen ihrer Entscheidungen und versuchen, eine positive und nachhaltige Wirkung zu erzielen, anstatt sich auf unmittelbare und kurzlebige Ergebnisse zu konzentrieren.

Diese erweiterte zeitliche Perspektive hilft stoischen Führungskräften, einen Schritt zurückzutreten und die langfristigen Folgen ihres Handelns abzuschätzen. Sie betrachten die Auswirkungen auf ihr Team, ihre Organisation und sogar auf die Gesellschaft als Ganzes. Dies führt dazu, dass sie durchdachte und strategische Entscheidungen treffen, die sich an nachhaltigen Zielen orientieren, und so zur Schaffung einer solideren und dauerhafteren Zukunft beitragen.

Unter Berücksichtigung dieser erweiterten zeitlichen Sichtweise antizipieren stoische Führungskräfte zukünftige Herausforderungen und bemühen sich, robuste Lösungen zu entwickeln, die den künftigen Umständen gerecht werden. Sie verfolgen einen proaktiven Ansatz, um langfristig schädliche Folgen zu vermeiden und die nachhaltige Entwicklung und das kontinuierliche Wachstum ihres Teams oder ihrer Organisation zu fördern.

Zusammenfassend lässt sich sagen, dass es stoischen Führungskräften durch die Annahme einer erweiterten zeitlichen Perspektive möglich ist, über unmittelbare Sorgen hinauszugehen und sich auf nachhaltige Ziele zu konzentrieren. Diese Perspektive leitet ihre Entscheidungen und ermutigt sie, die langfristigen Folgen ihres Handelns zu berücksichtigen, um über die Zeit hinweg eine positive und bedeutsame Wirkung zu erzielen.

Ausrichtung der Handlungen an den Grundwerten

Für die Stoiker war die Ausrichtung der Handlungen an den Grundwerten das Herzstück eines ethischen Lebens. Stoische Führungskräfte machen sich diese Idee zu eigen, indem sie ihre Teams auf Ziele hinführen, die mit den Werten der Organisation und den langfristigen Bedürfnissen übereinstimmen.

Die Stoiker waren der Ansicht, dass die Harmonie zwischen unseren Handlungen und unseren Werten für ein tugendhaftes Dasein von entscheidender Bedeutung ist. Ebenso erkennen stoische Führungskräfte die Bedeutung dieser Ausrichtung für eine effektive Führung. Sie achten darauf, dass die Ziele, die sie für ihr Team oder ihre Organisation setzen, mit den Grundwerten des Unternehmens übereinstimmen. Dadurch wird sichergestellt, dass die ergriffenen Maßnahmen nicht nur pragmatisch, sondern auch ethisch korrekt sind, wodurch die Glaubwürdigkeit und das Vertrauen des Teams in die Führung gestärkt werden.

Indem sie diese Ausrichtung betonen, schaffen stoisch denkende Führungskräfte ein Umfeld, in dem die vom Team unternommenen Handlungen von starken ethischen Grundsätzen geleitet werden. Dies trägt dazu bei, den Zusammenhalt des Teams im Hinblick auf gemeinsame und geteilte Ziele zu stärken. Darüber hinaus schafft dieser Ansatz bei den Teammitgliedern ein Gefühl von Stolz und Engagement und motiviert sie, auf Ziele hinzuarbeiten, die für die gesamte Organisation sinnvoll und wertvoll sind.

Stoische Führungskräfte achten auch darauf, dass diese Ausrichtung der Handlungen an den Werten mit den langfristigen Bedürfnissen der Organisation übereinstimmt. Sie integrieren eine strategische Vision, die Nachhaltigkeit und langfristiges Wachstum berücksichtigt, und stellen so sicher, dass die gesetzten Ziele nicht nur den aktuellen Werten der Organisation, sondern auch ihren zukünftigen Bestrebungen entsprechen.

Zusammenfassend lässt sich sagen, dass für stoische Führungskräfte die Ausrichtung der Handlungen an den Grundwerten und den langfristigen Bedürfnissen der Organisation entscheidend ist, um ein Team zum Erfolg zu führen. Dies stärkt die Einheit, das Vertrauen und das Engagement innerhalb des Teams und fördert gleichzeitig eine ethische und strategische Führung für die Organisation als Ganzes.

Stoische resiliente Strategie

Stoische Resilienz ist von Natur aus mit der Fähigkeit verbunden, robuste und flexible Strategien zu entwickeln, um mit Ungewissheit umzugehen. Stoische Führungskräfte integrieren diese Resilienz in ihren Ansatz, indem sie Pläne entwickeln, die Robustheit und Anpassungsfähigkeit vereinen und gleichzeitig ihrer langfristigen Vision treu bleiben.

Die Stoiker betrachteten Resilienz als eine grundlegende Tugend, eine Geisteshaltung, die es ermöglicht, sich an die wechselnden Umstände des Lebens anzupassen. Entsprechend integrieren stoische Führungskräfte diese Eigenschaft, wenn sie strategische Pläne für ihr Team oder ihre Organisation entwickeln, Pläne, die sowohl solide als auch flexibel sind.

Diese Führungskräfte antizipieren Unsicherheit und potenzielle Veränderungen und lassen diese Antizipation in ihre Pläne einfließen. Anstatt sich nur auf kurzfristige Lösungen zu konzentrieren, entwickeln sie Strategien, die sich an die jeweiligen Umstände anpassen und weiterentwickeln können. Dieser Ansatz ermöglicht es dem Team, agil auf Veränderungen zu reagieren, ohne dabei die langfristige Vision der Organisation aus den Augen zu verlieren.

Ein weiterer Schlüsselaspekt dieser stoischen Widerstandsfähigkeit liegt in der Fähigkeit, trotz Störungen oder Hindernissen auf die langfristigen Ziele fokussiert zu bleiben. Stoische Führungskräfte inspirieren ihr Team dazu, die Gesamtvision der Organisation im Auge zu behalten und gleichzeitig offen für Anpassungen zu sein, die notwendig sind, um unerwartete Veränderungen zu bewältigen.

Indem sie die stoische Resilienz in die strategische Planung einbeziehen, schaffen stoische Führungskräfte ein Umfeld, in dem das Team bereit ist, Herausforderungen mit Ruhe und Entschlossenheit zu begegnen. Dies stärkt das Vertrauen des Teams in seine Fähigkeit, sich an Veränderungen anzupassen und gleichzeitig einen an langfristigen Zielen ausgerichteten Kurs zu verfolgen.

Zusammenfassend lässt sich sagen, dass für stoische Führungskräfte Resilienz bedeutet, robuste und anpassungsfähige Strategien zu entwickeln, die es dem Team ermöglichen, erfolgreich durch die Ungewissheit zu navigieren. Indem sie diese Eigenschaft integrieren, schaffen sie ein Umfeld, in dem Flexibilität und Stabilität nebeneinander bestehen, sodass das Team Veränderungen bewältigen und gleichzeitig die langfristige Vision der Organisation im Auge behalten kann.

Inspirierende Führung auf der Grundlage einer stoischen Vision

Für die Stoiker waren inspirierende Führungspersönlichkeiten diejenigen, die universelle Werte verkörperten und eine edle Vision anboten. Stoische Führungskräfte verinnerlichen diesen Gedanken, indem sie sich bemühen, ihren Teams eine überzeugende und motivierende Vision zu vermitteln und so zu langfristigem Engagement inspirieren.

Die Stoiker waren der Ansicht, dass die einflussreichsten Führungskräfte diejenigen waren, die zeitlose Werte wie Tugend, Gerechtigkeit und Weisheit repräsentierten. Entsprechend versuchen stoische Führungspersönlichkeiten, diese Werte in ihren Handlungen und Worten zu verkörpern. Sie vermitteln eine Vision, die auf diesen universellen Prinzipien beruht, und bieten ihrem Team so eine Führung, die auf edlen und dauerhaften Idealen beruht.

Diese Führungskräfte sind geschickt darin, eine klare und motivierende Vision für ihr Team zu artikulieren. Sie vermitteln diese Vision auf überzeugende Weise, indem sie die Vorstellungskraft ihrer Mitarbeiter fesseln. Diese Vision geht über die unmittelbaren Ziele hinaus und bietet einen langfristigen Horizont, wodurch die Teammitglieder dazu angeregt werden, sich aktiv für die Erreichung dieser Ziele einzusetzen.

Darüber hinaus fördern stoische Führungskräfte eine emotionale Verbindung zu der Vision, die sie präsentieren. Sie inspirieren ein Gefühl der Leidenschaft und des Engagements für die Ziele des Teams und wecken so ein Gefühl der Zugehörigkeit und des Stolzes bei ihren Teammitgliedern.

Indem sie eine inspirierende und motivierende Vision vermitteln, schaffen diese Führungskräfte eine Angleichung zwischen den individuellen Bestrebungen und den kollektiven Zielen des Teams. Sie stärken auch den Zusammenhalt innerhalb des Teams und fördern so ein langfristiges Engagement für die Verwirklichung der gemeinsamen Vision.

Alles in allem ist für stoische Führungskräfte die Vermittlung einer inspirierenden, an universellen Werten ausgerichteten Vision ein entscheidendes Element, um ihr Team zu dauerhaftem Engagement zu inspirieren. Indem sie diese Werte verkörpern und eine klare und motivierende Vision kommunizieren, fördern sie ein Gefühl der Verbundenheit, Leidenschaft und des Engagements für Ziele, die über das Kurzfristige hinausgehen.

Beispiele für stoische Führungspersönlichkeiten

« Es geht nicht darum, was passiert, sondern wie wir auf das, was passiert, reagieren ».

— Epiktet

Mark Aurel: Der philosophische Kaiser und Stoiker

Mark Aurel stellt mit seiner Verpflichtung zur Selbstbeherrschung, seiner Weisheit im Umgang mit Widrigkeiten und seiner Hingabe an das Gemeinwohl ein herausragendes Beispiel für stoisches Führungsverhalten dar.

Als römischer Kaiser und stoischer Philosoph überwand Mark Aurel die Grenzen der politischen Macht, um die Grundprinzipien des Stoizismus in seinem täglichen Leben und in seiner Regierungsführung zu verkörpern. Seine Praxis der Selbstbeherrschung war beispielhaft; er versuchte, seine Emotionen zu kontrollieren, ruhig zu bleiben und angesichts von Herausforderungen und schwierigen Situationen weise zu handeln. Diese Fähigkeit, selbst in Krisenzeiten einen stabilen und besonnenen Geisteszustand aufrechtzuerhalten, stärkte seine Glaubwürdigkeit als Führungspersönlichkeit, die in der Lage war, mit Entschlossenheit und Vernunft zu führen.

Seine Weisheit im Angesicht von Widrigkeiten ist ebenfalls ein bemerkenswertes Merkmal seiner stoischen Führung. Mark Aurel zeigte eine außergewöhnliche Widerstandsfähigkeit, wenn er mit Schwierigkeiten konfrontiert wurde, seien sie politischer oder persönlicher Natur oder mit Konflikten verbunden. Er nutzte die stoische Philosophie als Leitfaden, um diese Prüfungen zu überwinden, wandelte Herausforderungen in Lern- und Wachstumschancen um und ermutigte so seine Mitmenschen, eine ähnliche Perspektive einzunehmen.

Sein tiefes Engagement für das Gemeinwohl zeichnete sich auch in seiner Art zu regieren aus. Mark Aurel legte größten Wert auf den Dienst am Staat und das Wohlergehen seiner Bürger. Seine Vision von Führung basierte auf dem Konzept der Verantwortung gegenüber der Gemeinschaft und setzte eine Politik um, die das Leben aller verbessern wollte, selbst auf Kosten des eigenen persönlichen Komforts.

Insgesamt ist Mark Aurel aufgrund seiner Fähigkeit, die Grundwerte des Stoizismus in seiner Machtausübung zu verkörpern, ein beredtes Beispiel für stoisches Führungsverhalten. Seine Selbstbeherrschung, seine Weisheit im Umgang mit Widrigkeiten und sein Engagement für das Gemeinwohl haben ein bleibendes Erbe hinterlassen und Generationen von Führungspersönlichkeiten dazu inspiriert, in seine Fußstapfen zu treten und die stoischen Prinzipien in ihre eigene Führungspraxis zu integrieren.

Seneca: Praktische Weisheit in Aktion

Seneca, stoischer Philosoph und Berater des Kaisers Nero, bleibt eine Symbolfigur, deren ethischer Ansatz, Widerstandsfähigkeit gegenüber Widrigkeiten und Fokussierung auf das Wesentliche viele Führungskräfte im Laufe der Zeit tief beeinflusst hat.

Sein ethisches Engagement war ein zentraler Bestandteil seiner Lebensphilosophie. Seneca befürwortete die Bedeutung von Integrität, Tugend und Ethik in allen Bereichen des Lebens. Als kaiserlicher Berater riet er Nero oft zu gerechten und ethischen

Entscheidungen, auch wenn seine Empfehlungen nicht immer befolgt wurden. Seine Bereitschaft, selbst in einem komplexen politischen Umfeld für ethische Werte einzutreten, war für viele Führungspersönlichkeiten ein mächtiges Vorbild, das sie dazu ansportnte, die Ethik in den Mittelpunkt ihrer Handlungen und Entscheidungen zu stellen.

Auch seine Widerstandsfähigkeit angesichts von Widrigkeiten hinterließ einen bleibenden Eindruck. Trotz der Herausforderungen und Gefahren, denen er sich gegenübersah, insbesondere in den Zeiten der politischen Unruhen unter Nero, bewahrte Seneca seine Gelassenheit und Würde. Er nutzte die stoischen Prinzipien, um Prüfungen mit Resilienz und Mut zu überwinden, und bot damit ein Vorbild an Durchhaltevermögen und innerer Stärke für künftige Generationen von Führungspersönlichkeiten.

Auch seine Fokussierung auf das, was wichtig ist, war eine wertvolle Lektion für Führungspersönlichkeiten. Seneca befürwortete Einfachheit und betonte den Wert der Zeit, des Nachdenkens und der Konzentration auf die wesentlichen Aspekte des Lebens. Er ermutigte dazu, Ablenkungen zu vermeiden und sich auf das zu konzentrieren, was unserem Handeln einen echten Sinn und dauerhaften Wert verleiht.

So bleibt Seneca eine Symbolfigur des Stoizismus, dessen ethischer Ansatz, Widerstandsfähigkeit gegenüber Widrigkeiten und Fokussierung auf das Wesentliche ein bleibendes Vermächtnis in der Geschichte der Führung hinterlassen hat. Seine Lehren inspirieren auch heute noch viele Führungskräfte, ethische Werte zu pflegen, Widerstandskraft in widrigen Umständen zu zeigen und ihre Energie auf das zu konzentrieren, was für eine aufgeklärte und verantwortungsvolle Führung wirklich wichtig ist.

Epiktet: Unerschütterliche Selbstbeherrschung

Epiktet verkörpert mit seinem bemerkenswerten Werdegang vom Sklaven zum Philosophen wahrhaft die Quintessenz des Stoizismus und lehrte zeitlose Prinzipien der Selbstbeherrschung und Akzeptanz mit bestechender Klarheit. Sein Beispiel für Würde, Belastbarkeit und Weisheit inspiriert auch heute noch diejenigen, die danach streben, stoischer Führer zu werden.

Als ehemaliger Sklave überwand Epiktet nicht nur die persönlichen Herausforderungen, die mit seinem Status verbunden waren, sondern transzendierte diese Hindernisse auch und wurde zu einem einflussreichen Philosophen. Seine Philosophie beruhte auf Konzepten wie der Akzeptanz dessen, was nicht von uns abhängt, Selbstbeherrschung und der Bedeutung eines Lebens im Einklang mit der Natur. Diese Lehren waren in der täglichen Realität verankert und boten praktische Ratschläge für den Umgang mit den Schwierigkeiten des Lebens.

Seine Selbstbeherrschung war beispielhaft. Epiktet ermutigte uns, Kontrolle über unsere Gedanken, Gefühle und Handlungen auszuüben, und behauptete, dass das Einzige, worüber wir absolute

Kontrolle haben, unser eigener Geist ist. Diese geistige Disziplin verhalf ihm zu Würde und Gelassenheit im Angesicht von Prüfungen, und seine Lehren inspirieren weiterhin Führungskräfte, diese Selbstbeherrschung zu kultivieren, um unter allen Umständen Geistesgegenwart und Stabilität zu bewahren.

Auch seine Widerstandsfähigkeit angesichts von Widrigkeiten war bemerkenswert. Epiktet sah sich im Laufe seines Lebens vielen Herausforderungen und erheblichen Prüfungen ausgesetzt, doch er behielt stets eine stoische Haltung bei, indem er akzeptierte, was nicht zu ändern war, und entschlossen an dem arbeitete, was er beeinflussen konnte.

Schließlich hallt seine Weisheit, die er durch seine Lehren vermittelt hat, auch heute noch nach. Seine Lektionen darüber, wie wichtig es ist, sich auf das zu konzentrieren, was wirklich in unserer Macht steht, und wie wichtig es ist, im Einklang mit unseren Grundwerten zu leben, sind nach wie vor wertvolle Leitfäden für Führungskräfte, die danach streben, die stoischen Prinzipien in ihrer Führungsrolle zu verkörpern.

Zusammenfassend lässt sich sagen, dass Epiktets Werdegang, seine Lehre der Selbstbeherrschung, seine Akzeptanz der Umstände und seine zeitlose Weisheit ihn zu einer inspirierenden Figur für diejenigen machen, die danach streben, stoische Führungskräfte zu werden. Seine Würde, seine Belastbarkeit und sein Bekenntnis zu ethischen Werten inspirieren und leiten auch heute noch diejenigen, die versuchen, die Prinzipien des Stoizismus in ihrem Leben und in ihrer Führungsrolle zu übernehmen.

James Stockdale: der moderne stoische Führer

Vizeadmiral James Stockdale verkörpert die stoischen Prinzipien auf außergewöhnliche Weise. Er überlebte jahrelange Gefangenschaft in Vietnam, indem er diese Lehren anwandte. Seine Widerstandsfähigkeit, seine Fähigkeit, eine langfristige Vision aufrechtzuerhalten, und seine mentale Stärke machen ihn zu einem zeitgenössischen Modell stoischer Führung.

Während seiner Gefangenschaft war Stockdale unmenschlichen Bedingungen ausgesetzt, doch er bewahrte sich eine außergewöhnliche Widerstandsfähigkeit. Gestützt auf die Prinzipien des Stoizismus akzeptierte er die Aspekte seiner Gefangenschaft, die er nicht ändern konnte, während er seine Energie auf das konzentrierte, was er kontrollieren konnte: seine Haltung, seinen Willen und seine Fähigkeit, seine Mitgefangenen zu inspirieren. Diese Widerstandsfähigkeit gegenüber Widrigkeiten war entscheidend für sein Überleben und das seiner Mitgefangenen.

Seine Fähigkeit, trotz der aussichtslosen Bedingungen in seiner Gefangenschaft eine langfristige Vision aufrechtzuerhalten, war bemerkenswert. Stockdale behielt im Hinterkopf, dass er überleben und eines Tages nach Hause zurückkehren würde, und setzte sich selbst in den dunkelsten Momenten langfristige Ziele. Diese Vision gab ihm eine Richtung vor, ließ ihn trotz aller Schwierigkeiten durchhalten und hielt die Hoffnung für sich und seine Kameraden aufrecht.

Seine mentale Stärke war eine wichtige Säule für sein Überleben. Stockdale legte eine außergewöhnliche mentale Disziplin an den Tag, blieb seinen Prinzipien treu, hielt dem Druck stand und diente seinen Kameraden in der Gefangenschaft als Inspiration. Seine Fähigkeit, eine stoische Haltung einzunehmen, Ruhe zu bewahren und sich auf seine Grundwerte zu konzentrieren, war ein eindrucksvolles Beispiel für stoisches Führungsverhalten.

Zum Schluss

Die Beispiele stoischer Führungspersönlichkeiten, ob historisch oder zeitgenössisch, demonstrieren eindrucksvoll die zeitlose Relevanz der stoischen Prinzipien in der Führung. Ihre Handlungen und ihre Philosophie bieten wertvolle Lektionen darüber, wie man die stoische Weisheit in realen Führungssituationen verkörpern kann, und inspirieren so diejenigen, die danach streben, mit Ethik, Belastbarkeit und Klarheit zu führen.

Diese historischen Führungspersönlichkeiten wie Mark Aurel, Seneca und Epiktet hinterließen ein bleibendes Vermächtnis, indem sie demonstrierten, wie sie die stoischen Prinzipien in ihr Leben und ihre Führung integrieren konnten. Ihre Handlungen unterstrichen die Bedeutung von Selbstbeherrschung, Weisheit im Umgang mit Widrigkeiten, Ethik und der Konzentration auf das

Wesentliche. Ihre Lehren sind epochenübergreifend und bieten praktische Ratschläge und greifbare Beispiele für zeitgenössische Führungskräfte.

Moderne Führungspersönlichkeiten wie Vizeadmiral Stockdale haben die Kraft der stoischen Philosophie auch in zeitgenössischen Kontexten veranschaulicht. Seine Widerstandsfähigkeit gegenüber Widrigkeiten und seine Fähigkeit, während seiner Gefangenschaft in Vietnam eine langfristige Vision aufrechtzuerhalten, waren inspirierende Beispiele stoischer Führung und zeigten, wie die Prinzipien des Stoizismus in Extremsituationen angewendet werden können.

Diese historischen und zeitgenössischen Beispiele zeigen, dass die stoischen Prinzipien äußerst relevant und anpassungsfähig an die vielfältigen Herausforderungen und Kontexte der Führung sind. Sie bieten wertvolle Lektionen für diejenigen, die versuchen, ethisch, belastbar und klar zu führen, wobei der Schwerpunkt auf Selbstbeherrschung, Beharrlichkeit angesichts von Hindernissen, Ausrichtung auf ethische Werte und Fokussierung auf das, was wirklich in unserer Macht liegt, liegt.

Alles in allem erinnern uns diese stoischen Führungspersönlichkeiten, ob sie nun in der Antike gelebt haben oder zeitgenössisch sind, daran, dass die Grundprinzipien der Stoa nach wie vor solide Leitfäden für eine aufgeklärte und verantwortungsvolle Führung sind. Ihre Beispiele inspirieren und bieten Vorbilder, um mit Weisheit und Integrität durch die Herausforderungen des Lebens und der Führung zu navigieren. Sie überschreiten die Zeiten, um heutige und zukünftige Generationen zu einer ethischen und widerstandsfähigen Führung zu führen.

Stoische Führungspraxis

« Glück und Freiheit beginnen mit
der Klarheit des Geistes ».

— Seneca

Teammanagement und Stoische Führung

Bei der Teamführung verfolgen stoische Führungskräfte einen Ansatz, der Schlüsselwerte wie Vertrauen, Eigenverantwortung und offene Kommunikation in den Mittelpunkt stellt. Sie fördern ein Umfeld, in dem diese Prinzipien in die Organisationskultur integriert sind, wodurch eine effizientere Arbeitsweise und ein belastbareres Team ermöglicht werden.

Vertrauen ist eine wesentliche Säule. Stoische Führungskräfte kultivieren ein Klima des Vertrauens, indem sie selbst unerschütterliche Integrität in ihrem Handeln demonstrieren und diese Qualität bei ihren Mitarbeitern fördern. Sie erkennen die Bedeutung des gegenseitigen Vertrauens für die Zusammenarbeit und die Produktivität des Teams.

Auch die individuelle Verantwortung wird wertgeschätzt. Stoische Führungskräfte ermutigen jedes Teammitglied, seinen Teil der Verantwortung für das Erreichen der gemeinsamen Ziele zu übernehmen. Sie fördern eine Kultur, in der sich jeder mit der Macht und Verantwortung ausgestattet fühlt, einen bedeutenden Beitrag zum Ganzen zu leisten, und stärken so den Sinn für individuelle und kollektive Leistungen.

Offene Kommunikation ist ein Schlüsselelement in der stoischen Teamführung. Die Führungskräfte fördern einen transparenten Dialog, in dem jeder ermutigt wird, seine Ideen zu äußern, Fragen zu stellen und Lösungen einzubringen. Diese Kommunikation fördert die eigenständige Lösung von Problemen, sodass das Team gemeinsam auf praktische Lösungen hinarbeiten kann.

Darüber hinaus bieten stoische Führungskräfte Unterstützung, die von Wohlwollen geprägt ist. Sie erkennen an, dass die autonome Problemlösung nicht bedeutet, dass die Teammitglieder im Stich gelassen werden. Im Gegenteil, sie bieten eine aufmerksame Begleitung und unterstützen die Entwicklung der Fähigkeiten, die für die eigenständige Lösung von Herausforderungen erforderlich sind.

Zusammenfassend lässt sich sagen, dass stoische Führungskräfte in der Teamführung ein Umfeld schaffen, das auf Vertrauen, Eigenverantwortung, offener Kommunikation und wohlwollender Unterstützung beruht. Indem sie diese Prinzipien umarmen, fördern sie eine Kultur, in der sich jedes Mitglied wertgeschätzt, fähig und verantwortlich fühlt und so zur Stärke und Widerstandsfähigkeit des Teams beiträgt.

Stoische Konfliktlösung

Bei der Bewältigung von Konflikten verfolgen stoische Führungskräfte einen Ansatz, der sich auf konstruktive Lösungen konzentriert. Ihre Methode beruht auf Schlüsselpraktiken wie aktivem Zuhören, emotionaler Kontrolle und der Suche nach Lösungen, die die Interessen aller beteiligten Parteien berücksichtigen.

Aktives Zuhören ist grundlegend. Stoische Führungskräfte legen großen Wert darauf, die Perspektiven und Anliegen jeder Partei zu verstehen. Sie praktizieren aufmerksames Zuhören, ohne zu urteilen, um die unterschiedlichen Standpunkte und die Beweggründe hinter den Konflikten vollständig zu erfassen.

Ein weiterer wesentlicher Aspekt ist die emotionale Kontrolle. Stoische Führungskräfte erkennen, wie wichtig es ist, sich emotional zurückzunehmen, um Konflikte auf rationale und überlegte Weise anzugehen. Sie bemühen sich, ihre eigenen Emotionen zu kontrollieren, um ruhig und zentriert zu bleiben und so ein Umfeld zu schaffen, in dem konstruktive Lösungen möglich sind.

Stoische Führungskräfte schließlich suchen nach Lösungen, die einen Kompromiss oder eine Win-Win-Lösung fördern. Sie fördern die Suche nach Lösungen, die die Interessen und Bedürfnisse aller beteiligten Parteien berücksichtigen, und vermeiden Lösungen, die auf starren oder ausschließenden Positionen beruhen. Sie streben nach Kompromissen oder kreativen Lösungen, die den Anliegen aller Beteiligten so weit wie möglich gerecht werden.

Mit diesem Ansatz fördern stoische Führungskräfte eine konstruktive Lösung von Konflikten in ihrem Team oder ihrer Organisation. Ihre Verpflichtung zum Zuhören, zur emotionalen Kontrolle und zur Suche nach ausgewogenen Lösungen trägt dazu bei, ein Klima zu schaffen, das gegenseitiges Verständnis und Zusammenarbeit fördert und so den Zusammenhalt und die Produktivität des Teams stärkt.

Strategische Entscheidung und stoische Ausrichtung

Bei strategischen Entscheidungen verfolgen stoische Führungskräfte einen methodischen und überlegten Ansatz, der sich durch Ruhe, Klarheit und die Ausrichtung an den Grundwerten der Organisation sowie an einer langfristigen Vision auszeichnet.

Zunächst einmal gehen sie an Entscheidungen mit Ruhe und Gelassenheit heran. Stoische Führungskräfte erkennen, wie wichtig es ist, eine besonnene Haltung gegenüber strategischen Entscheidungen zu bewahren. Sie vermeiden impulsive oder emotionale Reaktionen und bevorzugen stattdessen eine rationale Analyse und gründliche Überlegungen, um alle Facetten einer Situation zu bewerten.

Zweitens stellen sie sicher, dass jede Entscheidung im Einklang mit den Grundwerten der Organisation steht. Stoische Führungskräfte legen großen Wert auf ethische Integrität und darauf, dass ihre Entscheidungen mit den Grundprinzipien des Unternehmens übereinstimmen. Sie betrachten diese Werte als wesentliche Richtschnur für jede strategische Entscheidung und sorgen so für eine auf ein solides Fundament ausgerichtete Führung.

Außerdem konzentrieren sie sich auf eine langfristige Vision, wenn sie strategische Entscheidungen treffen. Stoische Führungskräfte betrachten die langfristigen Auswirkungen jeder Entscheidung und versuchen, die Konsequenzen vorauszusehen und sicherzustellen, dass ihre Handlungen zu einem nachhaltigen Pfad beitragen, der mit den langfristigen Zielen der Organisation übereinstimmt.

Indem sie diese Elemente in den Entscheidungsprozess einbeziehen, bemühen sich stoische Führungskräfte sicherzustellen, dass jede strategische Entscheidung mit einem Gleichgewicht zwischen Rationalität, ethischer Integrität und langfristiger Vision getroffen wird. Dies hilft dabei, eine klare Richtung für die Organisation vorzugeben und eine Übereinstimmung zwischen Zielen, Werten und Handlungen zu gewährleisten, wodurch das Vertrauen und die Führung des gesamten Teams gestärkt werden.

Stoisches Veränderungsmanagement

In Zeiten des Wandels zeigen stoische Führungskräfte eine beispielhafte Widerstandsfähigkeit und versuchen, Vertrauen in ihrem Team zu schaffen. Ihr Ansatz beruht auf transparenter Kommunikation und dem Aufzeigen der Chancen, die der Wandel bieten kann.

Zunächst einmal bewahren sie eine ruhige Resilienz gegenüber Veränderungen. Stoische Führungskräfte erkennen an, dass Veränderungen unvermeidlich sind, und zeigen eine gelassene Haltung gegenüber Umwälzungen. Sie zeigen sich offen für Anpassung, akzeptieren, was nicht geändert werden kann, und konzentrieren sich darauf, wie sie am besten durch die sich ändernden Umstände navigieren können.

Zweitens wecken sie Vertrauen, indem sie transparent kommunizieren. Stoische Führungskräfte verstehen, wie wichtig eine offene und ehrliche Kommunikation in Zeiten des Wandels ist. Sie teilen die Gründe für die Veränderung, die potenziellen Herausforderungen sowie die sich daraus ergebenden Chancen klar mit und fördern so Vertrauen und Verständnis im Team.

Darüber hinaus betonen sie die Chancen, die der Wandel mit sich bringen kann. Stoische Führungskräfte versuchen, auch inmitten von Veränderungen positive Aspekte hervorzuheben. Sie betonen die Möglichkeiten für Lernen, Wachstum und Entwicklung, die oft mit Übergangszeiten einhergehen, und ermutigen ihr Team, den Wandel als Chance und nicht als Bedrohung zu sehen.

Durch die Integration dieser Ansätze tragen stoische Führungskräfte dazu bei, in Zeiten des Wandels ein Klima des Vertrauens, des Verständnisses und der Widerstandsfähigkeit in ihrem Team aufzubauen. Ihre Fähigkeit, eine ruhige Sichtweise aufrechtzuerhalten, transparent zu kommunizieren und die positiven Aspekte des Wandels hervorzuheben, trägt dazu bei, Ängste abzubauen und das Engagement des Teams angesichts der sich ändernden Umstände zu fördern.

Praktische Übungen zur stoischen Führung

« Wahre Ethik besteht darin, von den Meinungen
anderer unberührt zu bleiben ».

— Mark Aurel

Meditations- und Reflexionsübung

Die tägliche Praxis der Meditation, das Nachdenken darüber, was unter unserer Kontrolle steht und was nicht, sowie die Kontemplation der Grundwerte sind wesentliche Übungen, um die geistige Klarheit zu stärken und eine fundierte Entscheidungsfindung zu fördern.

Die tägliche Meditation ist ein mächtiges Werkzeug zur Kultivierung der geistigen Klarheit. Sie beruhigt den Geist, baut Stress ab und steigert die Konzentration. Stoische Führungskräfte nutzen diese Praxis, um eine gelassenere Perspektive und einen achtsameren Geisteszustand zu entwickeln, der ihnen hilft, Herausforderungen mit Ruhe und Einsicht anzugehen.

Das Nachdenken darüber, was von uns abhängt und was nicht, ist eine zentrale Praxis des Stoizismus. Stoische Führungspersönlichkeiten konzentrieren sich auf das, was sie kontrollieren können, wie ihre Gedanken, Handlungen und emotionalen Reaktionen, während sie gleichzeitig gelassen akzeptieren, was sich ihrer Kontrolle entzieht. Diese Reflexion ermöglicht es ihnen, ihre Anstrengungen dorthin zu lenken, wo sie tatsächlich eine Veränderung herbeiführen können, was zu fundierteren Entscheidungen und einem besseren Umgang mit Stress führt.

Schließlich ist die Kontemplation der Grundwerte eine Übung, die es stoischen Führungskräften ermöglicht, sich wieder auf ihre wichtigsten Prinzipien und Werte zu konzentrieren. Indem sie regelmäßig darüber nachdenken, was für sie und ihre Organisation wirklich wichtig ist, können sie ihre Handlungen und Entscheidungen im Einklang mit diesen Grundwerten ausrichten und so eine größere Kohärenz und eine tiefere Ausrichtung auf ihre Ziele fördern.

Alles in allem sind die tägliche Meditation, das Nachdenken darüber, was unter unserer Kontrolle steht und was nicht, sowie die Kontemplation der Grundwerte Übungen, die stoischen Führungskräften helfen, geistige Klarheit zu kultivieren, fundierte Entscheidungen zu treffen und in ihrem Handeln ethische Kohärenz zu wahren. Diese Übungen tragen dazu bei, belastbare, aufmerksame und an ihren Werten ausgerichtete Führungskräfte zu formen, was sich in einer stärkeren und bewussteren Führung niederschlägt.

Stoisches Tagebuch für Führungskräfte

Das Führen eines stoischen Tagebuchs ist eine kraftvolle Praxis, die das persönliche Wachstum und die Integration stoischer Prinzipien in das Berufsleben von Führungskräften fördert. In einem solchen Tagebuch werden Überlegungen zu Handlungen, Emotionen und Lektionen aus Führungssituationen festgehalten, was zahlreiche Vorteile mit sich bringt.

Zunächst einmal fördert das Schreiben in einem stoischen Tagebuch eine gründliche Reflexion über die gemachten Erfahrungen. Stoische Führungskräfte nehmen sich die Zeit, ihre Handlungen, ihre emotionalen Reaktionen und Schlüsselereignisse in ihrem

Berufsleben zu überprüfen. Dies ermöglicht ihnen ein besseres Verständnis ihrer eigenen Motive, Stärken und Schwächen und hilft ihnen, Verhaltensmuster zu erkennen.

Zweitens ist das Stoische Tagebuch ein Instrument zur Kultivierung von Resilienz und kontinuierlichem Lernen. Indem sie die Lektionen aus Erfolgen und Misserfolgen aufschreiben, können stoische Führungskräfte ihre Erfahrungen in Lernchancen umwandeln. So können sie Strategien entwickeln, um mit künftigen Herausforderungen besser umzugehen und ihre Leistung als Führungskraft zu verbessern.

Darüber hinaus fördert das Führen eines stoischen Tagebuchs die Integration stoischer Prinzipien in das Berufsleben. Indem sie ihre Gedanken zu Themen wie Selbstbeherrschung, Umgang mit Emotionen, Ethik und Entscheidungsfindung festhalten, stärken stoisch denkende Führungskräfte ihr Verständnis und ihre Praxis dieser Prinzipien im Alltag.

Schließlich bietet das Stoische Tagebuch eine Perspektive auf die persönliche und berufliche Entwicklung im Laufe der Zeit. Indem sie ihre früheren Einträge erneut lesen, können stoisch denkende Führungskräfte ihr Wachstum messen, Fortschritte erkennen und ihre langfristigen Ziele neu bewerten, was ihre kontinuierliche Entwicklung als Führungspersönlichkeit nährt.

Alles in allem ist die Praxis, ein stoisches Tagebuch zu führen, ein wirkungsvolles Mittel für Führungskräfte, um ihr Verständnis der stoischen Prinzipien zu vertiefen, persönliches Wachstum zu fördern, die Resilienz zu stärken und diese Prinzipien auf praktische und sinnvolle Weise in ihr Berufsleben zu integrieren.

Praxis der stoischen Visualisierung

Die Praxis, potenzielle Hindernisse zu visualisieren und sich mental darauf vorzubereiten, sie zu bewältigen, ist ein mächtiges Werkzeug für stoische Führungskräfte. Dadurch können sie besser mit schwierigen Situationen umgehen und ihrem Team Vertrauen einflößen.

Zunächst einmal hilft diese vorausschauende Visualisierung von Hindernissen den Führungskräften, proaktiv zu handeln. Indem sie sich potenzielle Herausforderungen vorstellen und identifizieren, können sie präventive Aktionspläne aufstellen und Strategien entwickeln, um mit ihnen umzugehen. Dadurch sind sie besser vorbereitet und können besser reagieren, wenn diese Hindernisse auftreten, wodurch die negativen Auswirkungen auf das Team und die Organisation verringert werden.

Zweitens stärkt diese mentale Vorbereitung die Resilienz stoischer Führungskräfte. Indem sie sich mental auf Schwierigkeiten vorbereiten, entwickeln sie eine innere Stärke, die es ihnen ermöglicht, auch in komplexen Situationen ruhig und gelassen zu bleiben. Diese gelassene Haltung schafft Vertrauen in ihrem Team, denn sie zeigt die Fähigkeit, selbstbewusst durch Herausforderungen zu navigieren.

Darüber hinaus fördert diese Praxis einen proaktiven Ansatz im Umgang mit Risiken. Stoisch denkende Führungskräfte können, indem sie potenzielle Hindernisse voraussehen, vorbeugende Maßnahmen ergreifen, um negative Auswirkungen zu minimieren. Dies zeigt eine strategische Vision und die Fähigkeit, Herausforderungen zu antizipieren, was das Vertrauen des Teams in ihre Fähigkeit, auch in schwierigen Situationen zu führen, stärkt.

Schließlich trägt diese mentale Vorbereitung dazu bei, ein widerstandsfähigeres und vorbereitetes Arbeitsumfeld zu schaffen. Indem sie mit gutem Beispiel vorangehen und diese Mentalität im Team fördern, schaffen stoische Führungskräfte eine Kultur, die Voraussicht, Widerstandsfähigkeit und die Fähigkeit, Herausforderungen gelassen zu begegnen, wertschätzt.

Zusammenfassend lässt sich sagen, dass die Visualisierung potenzieller Hindernisse und die mentale Vorbereitung auf deren Bewältigung Schlüsselpraktiken für stoische Führungskräfte sind. Diese Strategien stärken die persönliche Resilienz, ermöglichen einen proaktiven Umgang mit Herausforderungen und schaffen Vertrauen im Team, indem sie die Fähigkeit demonstrieren, schwierige Situationen mit Ruhe und Entschlossenheit anzugehen.

Übungen zur empathischen Kommunikation

Auf Empathie ausgerichtete Kommunikationsübungen wie Rollenspiele zur Verbesserung des aktiven Zuhörens und des empathischen Formulierens sind wichtige Instrumente zur Stärkung der für stoisches Führungsverhalten grundlegenden Beziehungsfähigkeiten.

Zunächst einmal fördern diese Übungen die Entwicklung des aktiven Zuhörens. Stoische Führungskräfte verstehen, wie wichtig es ist, die Perspektiven und Bedürfnisse ihres Teams vollständig zu verstehen. Rollenspiele, die Interaktionen simulieren, ermöglichen es den Führungskräften, das aufmerksame Zuhören zu üben, indem sie den von ihren Gesprächspartnern geäußerten Emotionen und Bedürfnissen volle Aufmerksamkeit schenken.

Zweitens fördern diese Übungen das empathische Formulieren. Stoische Führungskräfte versuchen, ihr Verständnis für die Gefühle und Ansichten anderer auf einfühlsame Weise auszudrücken. Rollenspiele bieten eine Plattform, um den Ausdruck dieser Empathie auf authentische Weise zu üben, indem sie die Gefühle und Anliegen ihrer Gesprächspartner umformulieren und bestätigen.

Darüber hinaus stärken diese Übungen die emotionale Verbindung zum Team. Indem sie aktives Zuhören und empathisches Formulieren praktizieren, bauen stoische Führungskräfte eine stärkere und tiefere Bindung zu ihren Mitarbeitern auf. Dies schafft ein Umfeld, in dem sich jeder gehört, verstanden und wertgeschätzt fühlt, und fördert so Vertrauen und Zusammenarbeit im Team.

Schließlich stärken diese Praktiken die Beziehungsfähigkeiten, die für eine konstruktive Konfliktlösung notwendig sind. Durch die Entwicklung einer einfühlsamen Kommunikation sind stoisch denkende Führungskräfte besser dafür gerüstet, angespannte Situationen zu bewältigen, indem sie respektvolle Interaktionen fördern und Lösungen finden, die die Bedürfnisse aller Beteiligten berücksichtigen.

Zusammenfassend lässt sich sagen, dass empathiefokussierte Kommunikationsübungen wie Rollenspiele zur Verbesserung des aktiven Zuhörens und des empathischen Formulierens wertvolle Werkzeuge für stoische Führungspersönlichkeiten sind. Diese Übungen stärken wichtige Beziehungsfähigkeiten, fördern respektvolle Interaktionen und tragen zu einer konstruktiven Konfliktlösung bei, wodurch ein Umfeld geschaffen wird, das eine effektive und menschliche Führung begünstigt.

Stoische Führung verkörpern

« Glück hängt von der Qualität unserer Gedanken ab ».

— Mark Aurel

Stoische Führung ist nicht einfach eine Managementmethode, sondern vielmehr eine Lebensphilosophie, die über einfache Managementfähigkeiten hinausgeht. Wenn wir die stoischen Prinzipien erforschen, entdecken wir eine zeitlose Weisheit, die uns wertvolle Werkzeuge an die Hand gibt, um mit Weisheit und Ethik durch die komplexen Herausforderungen der modernen Welt zu navigieren.

Die Stoiker haben uns ein unschätzbares Erbe hinterlassen: die klare Unterscheidung zwischen dem, was von uns abhängt, und dem, was nicht von uns abhängt. Dieses grundlegende Konzept bildet das solide Fundament, auf dem eine authentische und reflektierte Führung aufgebaut wird. Indem wir unsere Energie auf unser Handeln, unsere Werte und unsere Fähigkeit, auf Situationen ethisch zu reagieren, konzentrieren, schmieden wir eine authentische, verantwortungsvolle und in der Realität verankerte Führung.

Der Stoizismus fordert dazu auf, Eigenschaften zu kultivieren, die in einer sich ständig wandelnden Welt unverzichtbar sind: Belastbarkeit, Anpassungsfähigkeit und geistige Klarheit. Diese Eigenschaften ermöglichen es, Teams mit Weisheit und Weitblick zu führen. Wenn wir die stoische Selbstbeherrschung anwenden, verwandeln wir Herausforderungen in Chancen für Wachstum und Innovation, anstatt uns von Schwierigkeiten überwältigen zu lassen.

Die Beispiele stoischer Führungspersönlichkeiten, ob aus der Antike oder der heutigen Welt, veranschaulichen die Stärke und Relevanz dieser Prinzipien in realen Situationen. Ihre unerschütterliche Integrität, ihre Gelassenheit im Angesicht von Widrigkeiten und ihre langfristige Vision bieten inspirierende Vorbilder, um diese Werte im Alltag zu verkörpern.

Durch einen stoischen Ansatz gestalten Führungskräfte Arbeitsumgebungen, die von Verantwortung, Klarheit und Einfühlungsvermögen geprägt sind. Das regelmäßige Praktizieren stoischer Übungen und ihre Integration in den Arbeitsalltag führen zu einer tiefgreifenden Transformation der Führung. Dies führt zu motivierten, belastbaren und kollaborativen Teams, in denen sich jeder Einzelne zugehörig, respektiert und wertgeschätzt fühlt.

Stoische Führung zu verkörpern ist also nicht nur eine einfache Managementstrategie, sondern eine Einladung, eine Lebens- und Führungsweise anzunehmen, die Gleichgewicht, Weisheit und Ethik in jeden Aspekt unseres Berufs- und Privatlebens bringt. In dieser Konvergenz zwischen antiker Weisheit und modernen Herausforderungen liegt der Schlüssel zu einer nachhaltigen, aufgeklärten und menschlichen Führung.

Hat Ihnen das Buch gefallen?

Sie können auf seiner Seite einen Kommentar
hinterlassen, vielen Dank!